Lᴀ ᴄʟᴇ́ ᴘᴏᴜʀ ᴜɴᴇ ᴠɪᴇ ʜᴇᴜʀᴇᴜsᴇ

ᴇᴛ ᴍᴏɪɴs sᴛʀᴇssᴀɴᴛᴇ :

ᴇᴛʀᴇ ᴏʀɢᴀɴɪsᴇ́

© 2022, Gisèle Alayi
Édition : BoD – Books on Demand, info@bod.fr
Impression : BoD – Books on Demand,
In de Tarpen 42, Norderstedt (Allemagne)
Impression à la demande
Dépôt légal : Octobre 2022

ISBN : 978-2-3224-4062-7

*Gisèle ALAYI*

# LA CLÉ POUR UNE VIE HEUREUSE

# ET MOINS STRESSANTE :

## ÊTRE ORGANISÉ

Guide

BIZENDA

# INTRODUCTION

''To get something you never had, you have to do what you never did. Pour avoir ce que tu n'as jamais eu, tu dois faire ce que tu n'as jamais fait.'' Denzel Washington dans un discours.

Pour commencer, je vous souhaite une bonne lecture et vous adresse mes plus fidèles salutations. Si vous êtes convaincus de pouvoir changer à tout moment pour donner le meilleur de vous-même et en être fière, ce livre est pour vous.

Quels que soient votre statut ou votre âge, vous pouvez toujours évoluer et vous améliorer car il vous suffit de vous donner les moyens pour y parvenir.

Je commence chacune de mes journées avec des objectifs bien définis. Étant soignante et auteure entrepreneure, il est important de me fixer un objectif à atteindre, le plus difficile est de rester concentrée sans me laisser perturber par des éléments extérieurs.

Le temps, c'est plus que de l'argent. Pourtant si l'objectif qu'on s'est fixé est difficile et ambitieux, les tentations sont grandes de s'en détourner afin de trouver d'autres activités moins fastidieuses. Organiser son temps pour être plus productif et moins stressé est plus qu'une simple question de planification : c'est un état d'équilibre entre le bien-être et le travail.

Bien s'organiser, c'est aussi dire stop à la procrastination, levez-vous, fixez-vous un objectif et atteignez-le.

Chapitre 1

# MA MISSION EN ÉCRIVANT CE LIVRE

**L**a mission que je me suis fixée en écrivant ce livre est de porter l'attention du lecteur sur l'importance de s'organiser pour rester bien focus afin de ne pas disperser son énergie. Il s'agit de mes habitudes, de ma réalité. Mes proches savent de quoi je parle. J'admets que ce n'est pas facile mais en mettant un emploi du temps en place, cela me permet de m'en sortir.

Mon but est de mettre en place une vraie organisation personnelle pour être efficace chaque jour, sans me mettre la pression. L'organisation c'est avant tout un engagement qu'on prend envers soi-même afin d'éviter de remettre au lendemain ce qu'il est important de faire immédiatement. L'essentiel pour être productif est de vaincre la procrastination. Planifier sa journée avant qu'elle ne commence, garantit une journée productive. Et c'est le même principe pour une année fructueuse.

Une personne organisée c'est une personne qui a une longueur d'avance sur les autres, car elle sait anticiper, c'est la meilleure chose. Beaucoup ont des problèmes d'organisation. Mon entourage me demande toujours comment je fais ! Comment je m'organise avec un mari, des enfants, un job à plein temps, des activités parallèles ? En d'autres termes, comment je fais pour rester une personne à multi-activités épanouie et souriante.

La réponse à cette question est simple : l'organisation personnelle. Si vous ne savez pas vous organiser, vous aurez des problèmes déjà dans votre vie familiale. L'organisation fait partie d'une des différences entre les gens qui réussissent et ceux qui n'y arrivent pas.

Personnellement, au moment où j'écris ce livre je travaille à plein temps, je gère ma chaîne You-Tube (« Lisez pour vivre avec Gisèle Alayi » qui parle des livres et qui vous encourage à lire). Je me donne du temps pour ma petite famille, du temps téléphonique pour ma famille élargie, en l'occurrence ma mère…Mon quotidien a beaucoup changé depuis que je maintiens de bonnes habitudes. Je me définis comme une personne à multi-activités.

Nos vies de femmes et d'hommes sont bien remplies. L'organisation c'est la voie royale pour évoluer. Lorsque nous sommes désordonnés, nous avons toujours tendance à passer à côté des choses importantes, tout simplement parce que trop accaparés par le quotidien.

Beaucoup de personnes autour de nous ne prennent jamais le temps de regarder ce qu'ils peuvent améliorer dans leur vie. Or si on prend le temps de mieux s'organiser, on fait mieux, j'en suis mon propre exemple.

Alors, faites ce que vous devez faire ! Dans la Bible, le livre de Jacques 4 :17 nous dit « Si tu sais faire ce qui est bien et que tu ne le fais pas, tu commets un péché ». Or, en hébreux le mot « péché », signifie manquement, manquer la cible. C'est-à-dire, passer à côté du plan de Dieu pour sa vie ou ne pas accomplir sa destinée sur cette terre.

Chapitre 2

# AVOIR UNE VISION CLAIRE/

# SE FIXER DES OBJECTIFS PRECIS !

Pour concrétiser un projet important, il est indispensable d'y consacrer quotidiennement au moins une demi-heure en chassant totalement toute distraction.

Peu importe ce que vous voulez faire, vous devez vous donner du temps ! Évitez les notifications des réseaux sociaux car il est impossible de rester concentré sur une tâche et de l'accomplir dans un laps de temps tout en étant distrait. C'est ainsi que vous pourriez avoir un avantage sur votre entourage, les collègues, les connaissances, les amis et vous serez un exemple à suivre. Savoir organiser sa vie, c'est connaître sa valeur. Il apparaît donc évident que mieux s'organiser amène des changements positifs à long terme.

Malgré mes statuts d'épouse, et de mère, d'employée à plein temps, d'auteure et entrepreneure, j'obtiens d'excellents résultats. C'est une question de stratégie. Par exemple, c'est tout un art de savoir mettre fin à une conversation téléphonique qui s'étire en longueur sans pour autant vexer mon interlocuteur. Dans chaque domaine, vous devez mener une vie dirigée par votre objectif : A quelle heure devez-vous vous lever ? Que voulez-vous faire ? Quelle est votre vision pour votre vie ? Car sans vision, vous êtes comme une voiture sans carburant : elle n'avancera pas. Ou une voiture avec défaut du système de direction. Elle s'écrasera avant d'arriver à destination.

Avoir une vision c'est prévoir ce qu'on va faire dans les semaines, les mois ou années à venir. Se fixer des objectifs, signifie aussi échelonner les étapes nécessaires pour les atteindre. Sans objectifs clairement définis, les chances de s'égarer sont grandes. Et, vivre sans objectifs, c'est comme vivre sans but précis. N'avez-vous pas soif d'être plus épanoui et libre ?

Dieu vous donne des idées, passez à l'action et fixez-vous des dates. Chaque mois, vous devez établir votre/ vos objectif(s). Les cours que vous devez suivre. Les activités que vous voulez faire. Le nombre de personnes à qui vous voulez parler ou que vous devez appeler par jour. Vous fixez le nombre de clients ou de prospects que vous voulez avoir, le chiffre que vous voulez réaliser (si vous exercez une activité commerciale). A mi-chemin, il est important de faire un bilan. Suis-je dans les temps ? Suis-je en avance ou ai-je pris du retard ? Ai-je été trop ambitieux ou au contraire trop modeste ? A partir de ce bilan, réadaptez votre emploi du temps pour atteindre votre objectif sans vous décourager, car c'est lorsque vous concrétisez vos objectifs que vous vous épanouissez. Vous devez toujours aborder une nouvelle semaine avec un esprit positif, avec le désir de conquérir ou de maximiser systématiquement le mois en cours. Allez ! N'hésitez plus et commencez !

**S'organiser, c'est planifier sa vie. Alors comment je planifie ma vie pour avancer ?**

A quel moment je m'occupe de l'écriture de mes livres, de mes lectures ou des formations que je prends en ligne ? S'organiser est une bonne chose mais il faut être engagé, motivé et indiscutablement discipliné.

# Chapitre 3

# LA DISCIPLINE ET L'ENGAGEMENT

Quoi que vous souhaitiez entreprendre, l'outil indispensable pour y parvenir est la discipline. Sachez qu'avec du travail, de la discipline et de la constance on peut aller très loin dans la vie.

D'après le dictionnaire, la discipline est une règle de conduite que l'on s'impose. Cela signifie concrètement qu'être discipliné c'est faire ce que vous devez faire, même si ce n'est pas ce qui vous enchante le plus au moment précis. La discipline vous conduit à l'aboutissement de vos objectifs et de vos rêves.

Développez votre sens de la discipline. Combien de fois s'est-on dit « j'en ai marre de mon boulot, je dois changer de job, je dois perdre du poids, je dois faire une formation, je dois sortir du chômage, je dois commencer un business, je dois épargner, je dois déménager, je veux d'autres sources de revenu, etc. » ? Mais cela reste de grandes envies. Nous nous fixons des objectifs sur le coup d'une motivation que je qualifierai d'émotive mais, peu après, nous abandonnons à cause d'absence de planification et surtout de discipline.

Je ne suis pas exempt de reproche quant à cette réalité, ma volonté, comme celle de nous tous, est limitée. J'ai des jours avec, et des jours sans. Alors la discipline va me permettre de rester focus. D'ailleurs, dans ces moments-la, j'évite de me fier **à ma volonté ou à ma motivation.**

Selon le psychologue Michael Argyle, le simple fait d'avoir un plan ou un objectif à tenir donnerait aux gens un sens à leur vie. Une façon de structurer un peu plus son quotidien mais aussi d'avoir une bonne raison de se réjouir et d'être fier de soi lorsqu'on réussit à atteindre ses objectifs.

L'engagement que je prends avec moi-même est en lien direct avec la personne que j'ai envie d'être, de devenir. Il est aussi fondé sur mes petites actions quotidiennes qui sont faciles à atteindre car, avant tout, je veux garder un bon équilibre spirituel et familial.

De petites actions sont à mettre en place pour vous structurer. Mettez en place une *to-do list* journalière. Une vision, un objectif de ce que vous voulez obtenir. L'action est le seul moyen de changer votre vie et de la faire évoluer de manière positive.

• Prendre soin de moi en premier et avant tout car si je vais bien, mon entourage ira bien, mon travail ira bien, mes projets deviendront une réalité. Nos résultats sont le reflet de ce qui se passe en nous. Donc consacrez les premières heures de votre journée à votre personne (méditation, prière, sport). Vous êtes ce qu'il y a de plus important dans votre vie. Prenez soin de vous.

• Faire ma *to do list* : Je fais la liste des activités de ma journée pour ne rien oublier.

• Se concentrer sur des tâches importantes. Je commence par les tâches que je juge importantes. Par exemple, rester disciplinée sur l'écriture de mon livre. Comment être plus visible sur YouTube en créant plus de contenus. Être visible sur les réseaux sociaux.

• Déléguer toutes ses tâches qui n'aident pas à avancer, celles qui ne relèvent pas de ses compétences, par exemple les visuels pour la publicité de mes livres. A la maison, je répartis les tâches ménagères. Tout ce qui peut être fait sans moi.

• Rester focus pour ne pas disperser son énergie. Se concentrer concrètement sur des objectifs précis et atteignables.

• Savoir prendre de bonnes décisions. J'évite d'avoir juste des rêves et désirs mais je me fixe des objectifs que je dois atteindre coûte que coûte comme par exemple sortir mon deuxième livre que vous tenez dans vos mains.

• Mettre en place un bon environnement qui permettra d'enchaîner ou atteindre ce qu'on veut.

• Avoir un délai pour son objectif quitte à apprendre à être méthodique. On a tous vingt-quatre heures pour un jour mais ce qui fait la différence c'est comment nous optimisons ces 24 heures.

• Prendre toujours la peine de noter par écrit ses aspirations et consulter régulièrement ses notes. A ce moment-là, on se sent maître de sa vie.

• S'entourer de personnes qui peuvent apporter un plus dans sa vie.

• Opter pour un agenda papier ou un agenda électronique.

• Prendre le temps de lire, de réfléchir, d'expérimenter le calme.

• Écrire ses objectifs à moyen et à court terme.

• Veiller à ce que ses objectifs soient à la fois précis et qualitatifs.

• Se lever tôt pour faire plus de choses.

• Fixer des intentions pour chaque nouvelle année.

• Faire de chaque année sa meilleure année.

• Créer un programme de planification annuelle détaillée.

• Le voyage est un moyen qui nous ouvre l'esprit sur de nouvelles idées sur d'autres sources d'inspiration, il faut prévoir un ou des voyages selon ses moyens, que ce soit à l'intérieur de son pays de résidence ou à l'extérieur.

• Lorsqu'on se fixe des objectifs, s'obliger à inclure des dates d'échéances. Ainsi, on sait objectivement si l'on progresse ou pas. Pour l'écriture de ce livre, je me suis donnée une date limite. Grâce à ma détermination et ma discipline, je poursuis mes objectifs sans me laisser distraire en cours de chemin.

• Suivre la loi de Parkinson. C'est-à-dire, si on a trois jours pour finir un dossier, on remettra au bout de trois jours. Si c'est pour une semaine, vous aurait fait pareil. Il est donc souhaitable de se donner des échéances honnêtes pour combattre la procrastination et éviter aussi le surcharge des tâches à faire.

A côté, vous devez éviter certaines pratiques ou erreurs.

• Ne pas avoir plus de trois grands objectifs par an. Pas plus de trois objectifs par mois, pareillement par jour.

Je m'explique : quand je dis trois grands objectifs **par a**n, je parle par exemple de se dire « je sors un livre. Je vais suivre une formation. Je vais créer un produit commercialisable ». Ces grands objectifs ont besoin de travail et le but c'est aussi d'avoir du temps de qualité pour soi-même et sa famille. Car travailler tout le temps et n'être jamais présent pour sa famille n'est pas une vie. Moi j'ai du mal à comprendre les raisonnements comme quoi « à ma retraite je vais voyager, je vais créer, etc. ». Qui vous dit que vous irez à la retraite ? Et même dans ce cas, pensez-vous que vous aurez la même énergie qu'aujourd'hui ?

• Évitez les grandes to-do list par jour. Trop de choses en même temps nous tuent et nous donnent la frustration.

Chaque jour, faites-en moins. Mais faites mieux et de manière cohérente. Soyez une personne ordonnée, rangée qui a horreur de laisser et de voir les choses s'accumuler. Évitez de toujours remettre à demain ce que vous pouvez faire aujourd'hui.

Chapitre 4

# LA GESTION DU TEMPS

Le temps est précieux et celui qui n'en fait pas bon usage manque de vision. Vous avez peu de temps, une raison de plus d'être bien organisé.

- **Mes Routines**

Je me donne souvent une plage horaire. Si vous lisez ce livre c'est bien parce que je me suis donnée pas plus de deux heures à chaque fois que je me mets devant mon écran, que j'écris une demi-page, une page ou plus, le plus important pour moi c'est de me fixer ce rendez-vous que je respecte sans toutefois me mettre trop de pression. Le primordial c'est d'écrire quelque chose.

Pareil pour la lecture, je me fixe une heure minimum, ce qui est primordial, c'est vraiment d'assimiler ce que je lis. Il y a des moments où je dépasse largement une heure de lecture car le livre m'inspire et j'ai du mal à lâcher. Quand le moment est propice, je peux lire des heures sans relâches.

A un moment de ma vie où j'ai travaillé en tant qu'employée de maison. J'ai particulièrement aimé travailler dans une maison où l'on pouvait trouver dans chaque pièce des étagères remplies de livres abordant toutes sortes de thèmes. Les personnes cultivées font de la lecture leur meilleur allié. Elles utilisent leurs temps libres à ajouter une valeur à leurs connaissances. Prenez la décision de lire, soit dit en passant !

- **Le temps de l'action**

Pour atteindre ses objectifs, il faut quitter la paresse, le doute, le manque de détermination, l'hésitation. Il faut passer à l'action. C'est peut-être difficile mais pas impossible. Savoir exactement quoi faire, chercher toujours des astuces pour vous faciliter votre travail. Se concentrer sur des objectifs clairs et accessibles. Des petits succès réguliers entretiennent la motivation. On prend conscience de l'efficacité de ses efforts.

Lorsque je travaille pas l'après-midi, je prends plaisir à faire de longues balades dans les champs près de chez moi. Je me sens alors en pleine forme et ma motivation s'en trouve boostée.

Restez concentré sur vos projets. Mon objectif, en toute humilité, est de prouver que tout est possible dans la vie, même si, comme moi, vous ne partez de rien. Sans diplôme ni pécule.

La productivité concerne tout le monde car travailleur, chômeur ou retraité, être organisé amène à avoir un vrai temps de qualité dans tout ce que vous entreprenez. Que ce soit de prendre soin de votre famille, de vous former, de faire du sport ou de lire, tout est optimisé grâce à votre organisation.

Si vous êtes bien organisé, cela vous permettrait de dégager du temps pour travailler sur votre propre projet. Si vous avez une bonne méthodologie, vous allez produire un bon résultat et vous épanouir.

Lorsqu'on a une vie active, c'est une nécessité de s'organiser. La bonne organisation est la clé pour ne pas être pris au dépourvu.

- **Ma journée en générale**

Voici comment j'y arrive sans me mettre trop la pression en réalisant mes vœux de la journée.

En fin de journée, je vérifie mon emploi du temps du lendemain. Cela me permet de le corriger ou de le réadapter en fonction des impératifs ou des impondérables.

Dès le réveil, j'arbore mon plus beau sourire. Je me forge un mental qui m'épargne au maximum le stress, ce qui m'aide à rester de bonne humeur dans ma vie quotidienne.

Tant que je suis chez moi, je prends le temps de m'asseoir pour manger, car ce moment est une vraie pause dans ma journée.

J'organise mes pensées. Je prends le soin de bien aligner les choses à faire, pour éviter de perdre du temps. Ma liste de tâches quotidiennes est claire, courte et je vais à l'essentiel. Lorsque je suis dans mes différentes activités et que toute ma petite famille est présente, je mets mon téléphone en mode silencieux pour éviter toute distraction.

- **Un jour de repos**

Dans un premier temps, je passe un moment spirituel, suivi de mon activité sportive si possible. Personnellement, je m'impose de faire au moins trois séances d'activités sportives par semaine.

En second lieu, je passe à l'écriture de mon livre. Vous pouvez faire en ce moment une activité qui vous passionne beaucoup comme la lecture dans mon cas. En gros, je mets en priorité, ce qui peut m'avancer sur mes objectifs.

J'ai toujours un calendrier. Même, si vous n'avez pas un emploi du temps chargé, procurez-vous un calendrier ou fabriquez-en un. En tant que mère, il est indispensable de coder mon calendrier avec des couleurs ou les initiales.

En plus de mon calendrier papier et électronique, j'ai un agenda papier où je note la liste des choses à faire sur la semaine ou sur le mois.

Garder vos listes de tâches courtes en vous concentrant seulement sur les tâches les plus difficiles de votre planning du jour voire importantes ou urgentes. Concentrez-vous sur une tâche à la fois avant de passer aux suivantes. Cela vous permettra de vous sentir plus serein, dynamique, productif, bien dans votre peau.

En général, je mets en avant les tâches de mes projets après mes obligations qui peuvent être : accompagner mes enfants à l'école ou répondre à un rendez-vous important. Lorsque je mets en avant mon/mes projet(s), à la première heure de ma journée, je me sens plus motivée.

Chapitre 5

QUELQUES OUTILS PRATIQUES POUR
BIEN S'ORGANISER

Préférez-vous un agenda papier ou un électronique ? Moi j'utilise les deux. Si on sait tous ce qu'est un **agenda papier** ou **agenda électronique**, un **carnet de notes**, **un chronomètre,** pour les plus connectés, il existe également des applications telles que « Le Trello » ou encore « Evernote »).

**Avez-vous déjà entendu parler de la méthode : A-B-C-D-E ?**

Quel que soit le support que vous utilisez déjà, cette méthode ABCDE est simple à appliquer et permet de mieux organiser toutes vos tâches.

• A : Les tâches très importantes.

• B : Les tâches importantes mais moins importantes que celles de A.

• C : Les tâches optionnelles qui n'entraînent pas de conséquences si elles ne sont pas faites. Vous pouvez les faire si les tâches de la catégorie

A & B sont terminées et s'il vous reste un peu du temps.

• D : Les tâches à déléguer que d'autres personnes peuvent faire aussi bien que vous. Cela vous permet de vous libérer.

• E : Les tâches à éliminer soit parce qu'elles ne vous sont plus d'aucune utilité ou elles ne sont plus pertinentes. Vous pouvez donc les éliminer sans aucune conséquence.

Lorsque vous planifiez vos activités, prenez dès à présent l'habitude de les lettrer selon leur importance

Créez une routine et tenez-vous-y. Tout est possible pour celui qui s'engage à atteindre ses objectifs. Tout d'abord ton tableau de Vision doit être présent partout afin de ne rien omettre. C'est à cela qu'il faut aspirer.

Les clés de la réussite sont entre vos mains. Concentrez-vous exclusivement sur une chose, avant de passer à une autre. Créer cette routine amène à court terme à optimiser son temps et à accroitre sa propre efficacité dans l'accomplissement de son projet. Je sais toujours ce que je dois faire et quand le faire puisque je l'ai planifié dès la veille. Donc le matin, je n'ai plus qu'à œuvrer sans perte de temps ni tergiversations inutiles.

Je vous propose de faire pareil. Faites par exemple une *to-do list* comme suit :

### Lundi

Prendre rendez-vous….

Rédiger un courrier

Répondre à un mail.

### Mardi

Faire mes courses alimentaires du mois

Appeler ma conseillère financière.

### Mercredi

Amener tel fils à son invitation d'anniversaire

Faire sortir mes enfants.

### Jeudi

Passer à la poste au retour du travail

Rendez-vous pour un renouvellement de prescription

Passer à la boucherie.

### Vendredi

Cuisiner

Récurer le frigo

Penser à faire la réservation pour la cantine des enfants.

### Samedi

Rendez-vous chez la coiffeuse

Ménage (personnellement j'évite les grands ménages qui me prennent toute une journée).


Inscrivez sur votre calendrier des activités que vous tenez réellement à faire et qui sont importantes comme les rendez-vous chez le médecin pour les membres de votre famille. Si votre planning professionnel n'est pas le même chaque semaine, autant le noter. Des évènements comme les cours, les invitations, baptêmes, mariages, anniversaires.

Par exemple, tu sais que tu dois faire une demande de ton casier judiciaire pour compléter un dossier. Écris-le dans ton agenda électronique jusqu'à ce que ce soit fait.

**Comment rester productif malgré les caprices de vos enfants ?**

Quand bien même je suis plus créative, voire plus énergique le matin, en tant que mère d'enfants en bas âge, je m'organise en fonction de ces derniers et même je dirai de leur humeur. Je prends l'exemple de mon plus jeune enfant. J'aime me lever tôt le matin pour vaquer tranquillement à mes occupations, mais mon fils se lève également très tôt. Je n'ai alors pas d'autre choix que de le bercer afin de le rendormir de crainte qu'il ne réveille le reste de la maisonnée, et cela peut prendre énormément de temps.

Le soir, je suis libre à 21 heures, l'heure à laquelle mes enfants vont se coucher. Ce temps, je le consacre à mon mari, où jusqu'à 22 heures, nous prenons le temps de discuter de nous et de nos projets respectifs.

De vingt-deux heures à minuit, je me consacre à mon écriture, à mes formations en ligne et à mes lectures. Mon mari est à mes côtés, consacrant également son temps à la concrétisation de ses propres projets.

Il faut connaitre votre mode de fonctionnement : êtes-vous plus créatif/concentré/efficace le matin ou le soir ? Que ça soit l'un ou l'autre, il vous faudra, parfois, faire preuve de flexibilité, car rien ne devra vous distraire, même pas les imprévus. Un déménagement ? Une nouvelle naissance ? Un changement de planning professionnel ? Etc. : cherchez votre équilibre et réadaptez votre routine afin de ne pas, vous-même, vous décourager et vous contraindre à tout abandonner.

Lorsque, mes enfants sont en mode "bruits", trop de distraction, pas question que je touche à l'écriture ou la lecture, à une activité où j'ai besoin de concentration. Je peux le faire, mais ce serait plus de temps perdu et plus d'effort de concentration et pas grand-chose à la fin. En conclusion, un travail médiocre, ça ne vaut pas la peine. Je préfère passer du temps avec eux, jouer avec eux, m'inté-resser à ce qu'ils sont en train de faire, ou me faire inviter à me joindre à eux. Je trouve ça très joyeux et convivial.

Pour lire ou écrire, j'ai besoin de calme pour me concentrer. Lorsqu'ils étaient en âge de faire la sieste, je profitais toujours de ce temps pour le faire. Dès leur réveil, je changeais d'activité comme écouter une vidéo de motivation, m'occu-per des tâches ménagères tout en veillant sur eux. Tout ce qui demandait de la concentration ou du silence, je l'effectuais durant leur absence ou leur sommeil. Pendant les vacances scolaires, j'utilisais leur temps d'écran.

## Créer une routine

Par routine, j'entends, prendre de bonnes habitudes afin d'optimiser votre temps et gagner en efficacité. Par exemple, toujours préparer ce que vous allez porter ou les repas la veille, faire la vaisselle ou ranger la maison avant d'aller vous coucher.

# Chapitre 6

# LA COMMUNICATION ET

# L'ORGANISATION A LA MAISON

Qui dit bonne organisation dit implication familiale car il est très difficile pour une seule personne de tout gérer. Les conflits de couple ou le *Burn-out* viennent souvent d'une mauvaise organisation due à une mauvaise communication.

Il ne faut jamais hésiter à impliquer le conjoint ou les enfants, ça soulage. N'attendez pas qu'on devine vos besoins. Exprimez-vous.

S'organiser c'est réussir en liberté. Ayez un cahier pour chacun de vos projets. Projet personnel ou projet en commun avec votre conjoint ou votre coéquipier. Dès que vous vous rappelez une idée que vous ne souhaitez pas oublier, ou dès qu'on vous la rappelle, écrivez-la.

Lorsqu'on réussit, on gagne le respect de la société, de son mari, de sa femme. Et tout ce qui a rapport à la maison mérite autant de la planification.

## Prévoyez vos menus, planifiez et budgétisez vos achats en conséquence

Avant d'aller faire vos courses, assurez-vous tout d'abord de prédéfinir vos menus pour la semaine ou le mois. Cela vous permettra de n'acheter que le strict nécessaire tout en évitant les dépenses superflues. Estimer la somme à dépenser est alors plus facile.

### Planifiez vos finances

Surveillez de près ce que vous dépensez chaque mois. Résistez à la tentation de dépenser plus. Suivez à la trace votre argent mensuellement. Consacrez du temps à la planification de vos finances.

### Repas

J'apprête tout ce dont j'ai besoin avant de commencer. Le multitâche est efficace lorsque je cuisine. Sinon il est préférable de finir chaque tâche avant de passer à une autre. J'ai grandi dans une famille où l'on passe la plupart de son temps à la cuisine. Le midi, au retour de la pause, il faut passer à la cuisine et le temps que le repas soit prêt, tu as à peine le temps de le manger, que c'est déjà la course. Le soir, c'est la même chose… Donc je sais ce que ça fait, de passer la moitié de sa journée à la cuisine ou dans les tâches ménagères.

J'ai décidé de faire autrement. Je définis les menus à l'avance qu'on veut pour la semaine. J'apprête tous ce dont j'ai besoin avant de commencer. Je prépare mes repas à l'avance et les congèle. Généralement j'ai l'habitude de faire mes repas le vendredi, ou le samedi pour toute la semaine.

**Planifier ses repas à l'avance permet de :**

• Gagner du temps.

• Faire des économies.

• Manger sainement et garder la ligne.

• Mieux manger car les jours où tu n'auras pas envie de cuisiner, il n'y aura qu'à décongeler et ne rien dépenser en malbouffe.

• **Éviter le gaspillage alimentaire.**

• Faire des économies d'énergie sur l'électricité et le gaz.

• Réduire le stress.

Avant de commencer les cuissons, apprê-
tez-vous à lancer plusieurs préparations à la fois.

Je prépare en grande quantité en doublant les
quantités que je divise en deux, voire en trois. Je
partage les portions dans des boites alimentaires
qui vont au congélateur, réfrigérateur et au mi-
cro-ondes et au four. Il existe de bonnes marques
de conservation. Je sors la veille ce dont on a besoin pour le repas du lendemain. Chaque repas
sorti va suffire pour la famille et pour un « invité
surprise ». Il y a en général un supplément dans
le congélateur que je peux décongeler. Mais lorsqu'on a des invités, je cuisine pour l'occasion.

Tout ce qui prend peu de temps à cuisiner
(crudités, légumes), je le fais à la dernière minute
pour manger frais. Vous pouvez néanmoins
acheter des surgelés qui sont déjà précuits.

Invitez vos convives à amener l'apéritif ou le
dessert. Impliquez votre famille, vos enfants dans
les préparatifs. Misez sur l'option traiteur ou surgelés pour apéritifs et dessert, et mettez le paquet
pour un bon plat principal fait maison.

## Repas enfant

Il est toujours plus intéressant de cuisiner pour vos enfants des plats faits maison. Parfois j'achetais des repas du commerce tout prêt pour les sorties scolaires car je trouvais cela plus pratique mais mon cadet les a toujours refusés. Donc dès que je fais le repas, je le mets dans des petits contenants qu'on peut acheter dans le commerce que je marque en mentionnant la date et le contenu. Je sépare tout en mettant différents goûts en petite quantité pour que l'enfant arrive aussi à distinguer chaque aliment.

## La vaisselle

Il est toujours désagréable de commencer sa journée en faisant la vaisselle, alors la faire le soir fait partie de ma routine.

Choisissez un endroit précis pour chaque chose dans votre maison. Soyez simple et plein de bon sens. Un rangement idéal est un rangement facile d'accès. Rendez facile d'accès tout ce qui est d'usage quotidien et plus difficiles les objets à usage exceptionnel.

Ayez une boite à rangement ou un endroit précis pour des courriers ou des cahiers d'activités de vos enfants. Ne laissez pas traîner vos papiers : factures, prescriptions, reçus, etc. Classez-les au fur et à mesure. Si vous ne pouvez pas le faire immédiatement, déposez-les dans un seul endroit. J'ai un classeur pour chacun de mes enfants en ce qui concerne leurs documents.

Réaliser un travail en continu est plus efficace qu'un travail interrompu. Vendre les objets superflus permet ainsi de se procurer des revenus d'appoint, ce qui vous aide ensuite à n'acheter que des objets indispensables.

### A propos de vos lessives

Planifiez vos lessives et leur rangement. Lavage, séchage, repassage et rangement sont faits au fur et à mesure pour éviter de se retrouver face à une décourageante pile de vêtements. Fini le stress des vêtements de sport oubliés dans le sac, fini la course après le maillot de bain du mardi qui se trouve toujours dans le panier en attente d'être lavé. Ce qui est anticipé est réglé. Préparer le nécessaire pour l'école la veille évite ce genre de déconvenue.

## Quelques Astuces

Une astuce pour les enfants qui mouillent le lit : je superpose toujours deux alèses et deux draps. C'est-à-dire une protection, un drap sur lesquels je remets une alèse puis un drap. Utiliser des draps qui n'ont pas besoin d'être repassés vous simplifie la vie. Il suffit simplement d'enlever le drap et la protection imperméable mouillés pendant que l'enfant se change et de laisser sur son drap propre. Cela vous évite au milieu de la nuit de commencer à refaire tout un lit. Impliquez votre enfant en lui faisant enlever les draps mouillés pour les mettre dans la machine à laver ou les mettre de côté pour le lendemain.

Avant chaque reprise des classes, chaque fin d'année pour d'autres, je fais le tri et surtout, je note minutieusement sur papier, ce qui manque à chaque enfant. Enfant A, enfant B, enfant C, etc.

J'achète ce dont j'ai besoin et non ce dont j'ai envie. Une fois encore, je vous conseille de noter. Cela vous aidera aussi à évaluer vraiment l'utilité des articles que vous achetés. Par exemple : congélateur, machine à lave-vaisselle, sèche-linge, table à repasser, ordinateur portable, canapé, etc.

Côté vestimentaire, pareil. Je note et je me pose bien la question, si j'en ai vraiment besoin, histoire de ne pas m'encombrer pour rien. Ce qui est certain, les tentations ne manquent pas mais consommer pour s'encombrer, si on peut s'en méfier, cela ne nous fera pas de mal. Débarrassez-vous du superflu.

# Chapitre 7

# LA STOP LIST

Comment je sors de conversations télépho-niques qui tirent en longueur sans vexer mon interlocuteur ?

Il nous arrive souvent de ne pas savoir mettre fin à une conversation interminable, ennuyante voire répétitive, de peur de vexer la personne alors que nous perdons un temps à écouter une conver-sation qui n'aboutira à rien et, très souvent, ce sont les mêmes personnes et les mêmes histoires.

Trouvez un prétexte, une excuse pour écourter la conversation.

- Si ça ne te dérange pas, on peut se rappeler plus tard ou un autre jour.

- Une phrase gentille comme : ça m'a fait plaisir de discuter avec toi

- « Je dois sortir », en fonction de votre discussion.

- Merci encore je vais te rappeler dès que je peux.

Pourquoi devez-vous absolument planifier votre journée ? Avez-vous une discipline de vie ? Planifiez-vous vos journées ? Que faites-vous de vos journées ? La discipline me permet de retrouver l'harmonie dans mon couple, du temps pour mon époux, mes enfants et bien-sûr pour moi-même.

J'ai fini par comprendre que la gentillesse n'est pas un art ni un fruit du Saint-Esprit. Maintenant lorsque je décide de rendre un service, je suis en paix avec moi-même et je sais que je peux le faire sans remord. Il ne faut rien faire sur la base des émotions et des sentiments. Je ne le fais pas pour plaire à quelqu'un, ni pour le regretter après. Je n'hésite plus à dire non quand cela ne convient pas à mon timing. Je suis restée généreuse, gentille, sensible à l'écoute des autres, à la seule différence que tu ne peux plus abuser de mes qualités ou de ma gentillesse.

Si vous ne planifiez pas votre journée, votre vie en générale, d'autres personnes risquent de planifier à votre place en s'amenant chez vous n'importe comment, en passant deux heures au téléphone, en parlant toujours de son mari ou de sa femme, malgré tous les « bons défauts » de ce dernier ou cette dernière, dix ans après ils sont toujours là. Si ce n'est pas le cas, c'est de critiquer le/la collègue de travail pendant deux heures de temps ou critiquer le/la voisin(e) qui change tout le temps de voiture et quoi encore, la liste n'est pas exhaustive.

Pendant longtemps, j'ai été cette personne chez qui, parce qu'on me sait de repos, on pouvait déposer ses enfants pour aller faire ses courses sans toutefois me prévenir à l'avance, **fût-il** le seul jour de repos que j'ai dans la semaine. Je ne le fais plus pour faire plaisir ni pour le regretter après. Je n'hésite plus à dire non.

Je suis restée généreuse, gentille, sensible à l'écoute des autres mais je ne suis plus malléable et corvéable à merci.

Si vous ne planifiez pas votre journée, votre vie en générale, d'autres personnes risquent de le faire à votre place en imposant leurs présences ou leurs appels sans tenir compte de vos dispositions pour se répandre en lamentations incessantes et répétitives.

Si vous avez du mal à dire non à votre cadre, votre manager, ou supérieur, pour un jour supplémentaire ou plus de tâches, faites-lui des propositions à votre avantage en choisissant votre horaire, les tâches que vous pouvez reporter pour ne pas vous surcharger et finir plus tard.

Je me rappelle en Irlande dans mon boulot d'aide-soignante, je ne savais jamais dire non pour des heures supplémentaires et juste après avoir dit oui, je commence déjà à culpabiliser, à regretter. Et, je me rappelle, à l'époque une collègue irlandaise nommée Rose me faisait toujours savoir que je ne suis pas obligée de dire oui et elle m'entraînait même à dire non. A chaque fois qu'on se croisait, elle me demandait si je peux venir travailler tel jour. Ma réponse devait être « je suis désolée x (le nom du manager) je ne peux pas. Full stop. Ça n'a pas été systématique parce que je culpabilisais. Mais petit à petit et avec le temps, je le fais, même dans la structure où je travaille actuellement je n'hésite pas à dire non. Quel soulagement ! D'où l'importance de faire la part des choses et d'avoir le dessus sur son mental. Arrêtez de dire oui à votre entourage et à votre employeur par réflexe.

Vous devez agir pour votre bien et mieux-être.

- Éliminez les choses qui vous fatiguent :

Vous avez une maison encombrée, des jouets qui ne servent plus à vos enfants, des vêtements serrés, des appareils qui ne marchent plus. Jetez ce qu'il faut jeter, faites don à d'autres personnes ou revendez-les pour avoir un espace aéré et convivial. J'ai déjà vu deux écrans de télévision dans le même salon et comme quoi il y a un poste qui ne marche plus, et alors ! Débarrassez-vous-en.

• Détachez-vous des gens qui vous font perdre du temps

Je préfère me coucher et dormir au lieu de perdre mon temps. Mon sommeil est important pour moi car cela me permet d'être de bonne humeur, de faire des rêves et de cogiter sur ma vie présente. Ne faites entrer dans votre cercle intime que des gens positifs et capables de comprendre votre état d'esprit. On a tous été victime à un moment de notre vie des relations toxiques : famille, amis, collègues. S'accorder des moments de pauses, c'est aussi essentiel pour le cerveau.

Arrêtez de vous attarder sur des tâches sans importance en négligeant celles qui devraient avoir toute votre attention.

Ne faites pas confiance à votre mémoire, il faut tout noter.

Évitez surtout de consulter en début de journée vos messages de différents groupes de réseaux sociaux et d'y répondre. J'en avais fait et je finissais par passer deux heures de mon temps à lire ou à répondre à des messages qui ne sont même pas urgents.

Contrôlez vos rapports à la télévision. Très souvent, la télé nous contrôle car on n'arrive pas à détourner nos regards des émissions ou des feuilletons qui tournent en boucle.

Évitez d'avoir votre téléphone à portée de main quand vous travaillez, ou désactivez toutes les notifications susceptibles de vous interrompre.

Évitez la procrastination, cette mauvaise habitude qui vous pousse à toujours remettre à demain ce que vous pouvez faire aujourd'hui.

Autorisez-vous à refuser des tâches ou des projets qui ne rentrent pas dans votre emploi du temps ou dans vos objectifs. Cela vous aidera à concentrer vos efforts sur vos priorités. Par exemple, j'ai pris une semaine de vacances pour vraiment me concentrer pour la finition de mon livre et là, je reçois un coup de téléphone d'une amie qui aimerait venir passer deux jours chez moi. Si elle vient, il faut que je lui consacre du temps alors que je veux profiter des journées où mes enfants sont en cours pour relire et corriger mon livre tranquillement. Ceci dit, cela ne rentre pas dans mes projets ni objectifs.

Rester focus sur ses objectifs et dire non à ce qui ne l'est pas est le seul moyen de rester concentrer sur ses activités.

Chapitre 8

# L'ORGANISATION DE MA VIE ME DONNE LE POUVOIR DE VIVRE AUTREMENT

L'organisation ne se négocie pas, elle caractérise les partisans d'effort et les plus soucieux de leur bien-être.

•   Je passe du temps avec mon mari et mes enfants.

•   Je passe du temps avec ma mère au téléphone et, de temps en temps, avec d'autres personnes de mon répertoire.

•   Je passe du temps dans mes activités qui me donnent la joie et nourrissent mon âme comme : la lecture, l'écriture, la cuisine, les prédications ou enseignements qui encouragent. Exemple : Priscillar Shirer et tant d'autres.

•   Les messages vidéo ou audio de motivation de développement personnel ou de business. Exemple : coach William Djamen dans accomplir sa destinée/Coach Pognon dans son « tonus matinal »...

- J'écoute de la bonne musique

- Je vois de bons films en ligne...

- Je parle au présent lorsque les autres conjuguent au conditionnel.

- J'organise mon temps sans être surchargée, ni émotionnellement ni physiquement.

- Je m'épanouis au contact des individus qui partagent ma détermination.

Je vous recommande de créer un espace chez vous où vous pouvez travailler. Je vous suggère d'écouter les gens qui ont réussi, qui vous impressionnent, que vous admirez, (vos parents) ou, quelqu'un qui est dans un domaine que vous explorez déjà mais qui fait mieux que vous).

Prenez soin de toujours tout planifier à l'avance. Vous avez un évènement à organiser, un dossier à clôturer, un déménagement, un voyage ? Ne vous y prenez pas à la dernière minute. Anticiper évite l'échec, la frustration et limite les imprévus et le stress.

**Définissez votre vision idéale**

Écrivez toujours vos grands projets. Votre projet doit être formulé par écrit pour devenir réalité et daté pour prendre vie.

**Respectez l'ordre des priorités** : « Urgent – Très important – Important » et bannissez de vos activités ce qui n'est pas du tout important et vital.

**Mettez de l'ordre dans votre vie** et vous gagnerez en efficacité ainsi qu'en vitalité. Alors, la santé et la longévité seront votre partage !

Définissez ce que vous voulez vraiment dans les douze prochains mois :

• Santé

• Votre mental

• Votre vie émotionnelle (joie)

• Votre personnalité (+ courageux + optimiste, ça se construit)

• Votre temps (la répartition, vie de famille, vie professionnelle)

- Votre vie amoureuse (valeur importante)

- Vie parentale (définissez qui est de votre famille, de votre cercle d'amis)

- Votre vie spirituelle

- Vos finances

- Votre vie professionnelle

- Votre style de vie

**Comment mieux dormir ?**

Il faut être discipliné : quoi qu'il arrive, vous devez vous donner des heures pour aller au lit. J'ai déjà parlé de la discipline plus haut dans ce livre.

Pour être efficace et productif, une bonne nuit de sommeil est indispensable. La durée de ce temps de sommeil est propre à chacun. C'est donc à vous de calculer le temps à y consacrer pour booster votre créativité. La qualité du sommeil est plus importante que la quantité. Plus votre sommeil est réparateur, plus vous serez en forme et motivé pour attaquer votre journée.

Avoir une bonne hygiène de vie et bien s'alimenter nous aide à bien dormir et à être concentré. Ce qui compte pour moi c'est la qualité du sommeil. Quatre à cinq heures d'un bon sommeil, me suffisent. Un bon sommeil permet d'avoir de l'énergie pour ses projets pour chasser la fatigue et la dépression.

Comment ne plus perdre votre temps inutilement et récupérer de précieuses heures au quotidien ou les moyens efficaces pour utiliser au mieux vos heures ?

Même dans votre intimité, il faut utiliser la bonne position pour satisfaire votre partenaire, ce qui veut dire que vous devez utiliser une bonne méthodologie, sinon l'autre sera frustré.

Lorsque tout ne se déroule pas comme prévu et qu'il faut attendre, prenez le temps de travailler sur votre mental avant de vous lancer dans un projet ambitieux car il faut maîtriser les compétences de bases par rapport à ce que vous voulez faire. Lorsque vous n'avez pas un plan B, le plan A doit réussir.

Réglez vos problèmes au fur et à mesure qu'ils surviennent.

Avoir des objectifs clairs bien définis. Etre discipliné c'est très bien mais c'est encore mieux de savoir quels sont les motifs pour lesquels on veut atteindre lesdits objectifs. Par exemple, est-ce que vous voulez quitter le statut d'aide-soignant(e) pour devenir infirmier(ère) juste pour impressionner, pour gagner plus d'argents ou parce que vous voyez que c'est nécessaire pour apporter des changements ?

Voulez-vous écrire pour montrer que vous êtes capable de sortir un livre, que vous êtes spéciale, ou c'est pour partager et transmettre vos connaissances et expériences ?

Si vos inspirations sont basées sur de mauvaises motivations, il y a de fortes chances que vous n'alliez pas loin, que vous abandonniez tout lorsque vous vous trouverez face à une difficulté.

N'attendez pas le moment idéal. Le moment idéal n'existe pas. Pour qu'une idée devienne réalité, il faut la mettre en action et cela passe par une bonne organisation.

Avant de se lancer dans une affaire, vérifiez toujours que c'est un projet viable et non un projet qui vous plaît !

Qu'il s'agisse d'écrire un livre, de faire une formation, de passer son permis, de monter sa propre entreprise, de se réorienter professionnellement, d'apprendre un nouveau métier, de perdre du poids, de changer de ville, etc., n'attendez pas et concevez dès aujourd'hui votre plannig. Une idée même géniale ne vaut rien, si elle n'est pas menée à terme.

Imagine-toi dans une, deux, trois années, tu réponds présent à un rendez-vous avec toi même, pour un projet qui te tient à cœur, ta vie ne peut pas être la même. Même pour avoir du succès avec un produit que tu veux vendre sur Amazon il faut du temps pour se former, pour chercher le bon produit ou la bonne niche. Cela ne s'est jamais fait du jour au lendemain.

Même pour un cours à distance, si tu veux un résultat, il te faut un rendez-vous quotidien pour te connecter afin de venir à bout de ce cours. Le respect de ce rendez-vous d'une heure te permet d'atteindre ton but et de pouvoir réaliser tes rêves, de faire fortune. Car pour moi la fortune c'est de pouvoir réaliser ses rêves.

Faisons taire nos peurs et nos doutes. Donnons-nous réellement les moyens de faire aboutir nos projets. Arrêtons de nous trouver toutes sortes d'excuses et passons enfin à l'action car c'est notre propre inaction qui garantit notre échec.

Chapitre 9

**MON REMEDE ANTI-STRESS**

Prendre un bon temps pour moi-même. La détente permet d'être plus productif et d'éviter le *burn-out*. De temps à autre, je prends un week-end que je passe seule chez une amie ou chez ma sœur. Ces moments de plaisir permettent à mon cerveau et à mon corps de récupérer. Pour moi c'est essentiel. Vous pouvez même planifier ces moments de détente dans votre agenda. Et une chose aussi importe : offrez-vous l'occasion de sourire, de rire. Riez plus.

Je me lance dans de nouveaux projets. Je m'y jette à fond ou je pratique une activité qui me passionne. La cuisine, mon remède anti-stress. Pour moi qui suis très prise par mon travail et ma vie quotidienne, manger « équilibré » est une priorité. Donc quand le sentiment de stress est là, je me mets à la cuisine. Je peux appeler l'un de mes contacts pour avoir des nouvelles et la plupart du temps ce par quoi tu passes n'est rien à côté des réalités que traverse ton interlocuteur.

Laissez toujours une marge de 30 % de votre temps libre. En tant que mère et épouse, les imprévus ne manquent pas. L'avantage de laisser ces marges c'est qu'elles permettent surtout d'accomplir ce que vous avez prévu de faire et de gérer vos imprévus. Comme le coup de fil venant de l'école de venir chercher votre enfant parce qu'il est blessé et doit se rendre aux urgences. Cela m'est déjà arrivé de quitter un rendez-vous médical avec l'un de mes enfants, et de finir aux urgences, suite à un accident de la route. Un autre jour je me suis retrouvée aux urgences alors que je suis juste sortie au supermarché avec mon fils qui a fini avec des entorses. J'ai beaucoup d'histoires de la sorte, et je suis certaine que vous aussi. Lorsque je respecte ces grands points ci-dessus cités, je suis très contente de mes journées.

Je fais toujours de mon mieux pour éviter des stress de dernière minute. Avez-vous remarqué que les feux de circulations sont toujours rouges quand vous êtes pressé (e) ? laissez-vous toujours plus de temps.

Je fais tout pour occuper mon esprit par des pensées positives et constructives. J'ai la chance d'être heureuse et épanouie car j'aime ce que je fais. Bien sûr, on ne peut pas toujours faire ce que l'on veut mais c'est à chacun de se donner les moyens de changer de vie. J'ÉCRIS DES LIVRES CAR J'AIME PARTAGER MON SAVOIR ET MES EXPERIENCES.

Selon le psychologue hongrois Mihaly Csikszentmihalhi, « lorsqu'une personne affirme avoir cinq amis ou plus avec lesquels elle peut discuter des problèmes importants, elle a 60% plus de chances de se dire « très heureuse » Avoir un groupe d'amis solide.

# QUELQUES EXERCICES PRATIQUES

# OU CHALLENGES PRATIQUES POUR BIEN S'ORGANISER

1.   Apprenez simplement à vous organiser, afin de mieux gérer votre temps. On peut tout apprendre dans la vie !

2.   Déterminez votre objectif et cherchez la direction pour l'atteindre.

3.   Déterminez clairement votre vision.

4.   Faites la liste de ce que vous repoussez sans cesse au quotidien : ça peut être la vaisselle, plier, ranger et le repasser vos linges propres, réservez du temps pour la lecture, faire vos comptes mensuels.

5.   Faites la liste des projets que vous remettez depuis longtemps à plus tard. Commencez à réaliser un projet tout en vous donnant un *deadline*. Cela vous aidera pour le projet suivant. Et ainsi de suite vous allez parvenir à réaliser vos projets.

6.   Faites surtout chaque jour des tâches qui font partie de vos projets.

7.    Respectez votre temps de travail.

8.    Fixez-vous des buts à court, à moyens et à long terme. Lorsque, vous vous mettez en action, vous créez la confiance et le courage en vous et la peur n'a plus sa place.

9.    Chaque mois, regardez ce que vous devez accomplir et ainsi de suite.

10.  Vous devez être ponctuel, connaître la valeur du temps.

11.  Faites ce que vous dites et ce que vous devez faire. Il faut être assidu et se concentrer.

12.  Prenez toutes les formations nécessaires afin de devenir un expert dans votre domaine.

13.  Conservez votre motivation et ne vous découragez guère. Car les aléas de la vie seront toujours présents.

14.  Cultivez la résistance à la désorganisation.

15.  Créez un meilleur équilibre dans votre vie personnelle et professionnelle. Ne soyez pas que concentré sur vos objectifs professionnels, fixez-

vous des objectifs sur votre vie personnelle éga-lement.

16. Ne laissez pas votre vie professionnelle prendre le dessus au détriment de votre fa-mille, voire de votre santé.

17. Développez le sens de la responsabilité : le refus des excuses et autres prétextes et enga-gez-vous dans votre vie.

18. Organisez-vous en vous fixant des objectifs clairs et disciplinés. Soyez ferme dans vos résolutions. Libérez-vous de la paresse et ac-cordez-vous un esprit bien disposé.

19. Instruisez-vous de façon à sortir de l'igno-rance afin que vous triomphiez sur ceux qui ne croient pas en vous.

20. Connaissez vos points forts et ceux à amé-liorer pour mieux vous positionner dans la vie ou dans un secteur où vous êtes.

21. Chaque jour, rassurez-vous d'élever votre ni-veau de détermination.

22. Avant tout, ayez une vision bord (carte de vision) de vos objectifs :

- Objectifs journaliers

- Objectifs hebdomadaires

- Objectifs mensuels

- Objectifs annuels

- Objectifs dans 5 ans

- Objectifs dans 10 ans

- Objectifs dans 20 ans

- Ainsi de suite... à mes vieux âges, je... (vous décrivez ce que vous aimeriez être.

23. Tout ceci est faisable si vous agissez, si vous vous mettez en action.

# QUELQUES APPLICATIONS

# & SITES WEB

*L'appli Yuka*, par exemple, aide à choisir des produits bons pour la santé.

*Vinted, BazarChic*... Consommation courants, comme les vêtements.

*Patatam, Roselndigo*... pour les enfants.

Ranger est l'occasion de vendre des objets sur des sites de seconde main et de découvrir les vertus de l'économie circulaire.

Un tableau Excel ou une liste écrite à la main suffisent pour gérer son budget avec méthode.

Télécharger l'application de sa banque aide en outre à prendre l'habitude de suivre et optimiser ses dépenses régulièrement.

Le site **mesdroitsociaux.gouv.fr** (si vous vivez en France) permet de faire le point rapidement sur ses droits aux prestations et aides sociales. Ces dernières sont offertes sous conditions de ressources, c'est pourquoi il est important de vérifier son éligibilité. Il s'agit par exemple de l'allocation (est-il besoin de les citer ?)

## DES OUTILS DE GESTION DE PROJETS À L'ÈRE DU DIGITAL

### Asana

Asana est un moyen très simple d'organiser et de gérer l'ensemble du travail de votre équipe.

### Bubble Plan

Bubble Plan, permet d'améliorer la communication et la collaboration. C'est une solution de projet au design simple et coloré pour visualiser, créer et mettre à jour vos projets.

### Daylite for Mac

Daylite for mac vous aide à répertorier ce qui a été fait et surveiller ce qui doit être fait ensuite, afin que rien ne vous échappe. Obtenez un aperçu de tous les objets de votre équipe.

## Gouti

Gouti est bien plus qu'un outil de gestion de projet. C'est une solution collaborative, méthodologique aux organisations, outil des temps passés et de disponibilités des ressources.

## ClickUp

Clickup est l'un des principaux outils de gestion de projet au monde avec des fonctionnalités entièrement personnalisables et exclusives qui en font un outil indispensable.

## Monday.com

monday.com est un logiciel de gestion de projet qui aide les équipes à planifier ensemble et à réaliser des projets qui produisent des résultats dans les temps.

## Ressource Guru

Ressource Guru est une application web de planification des ressources avec gestion des congés, tableaux de bord personnels, gestion des conflits, visibilité de l'équipe et fonctionnalités de collaboration.

## Slack

slack : c'est la messagerie en temps réel, l'archivage et la recherche des équipes. Slack rassemble toutes les communications en un seul endroit.

## Wimi

Wimi est l'outil de gestion de projets le plus convivial et complet pour les PME.

## Wrike

Wrike c'est un logiciel de gestion de projet d'entreprise avec modèles, suivi du temps, tableaux, rapports, etc.

## QU'EST-CE QUE LA BONNE ORGA-NISATION M'A APPORTÉ COMME RÉ-SULTAT ?

Lorsque j'ai commencé à développer de nouvelles habitudes, je suis passée d'une personne qui passe des moments qui ne lui rapportent absolument rien à une personne qui utilise ses temps libres à :

• La lecture : qui m'apprend beaucoup de choses.

• Se concentrer sur des choses qui peuvent rapporter des revenus passifs comme : l'écriture de livres, créations des produits et mise en vente sur Amazon…

• Réaliser en peu de temps des rêves qui lui tiennent à cœur comme l'écriture de ses livres, des contenus sur sa chaîne YouTube et d'autres encore.

Je suis passée d'une vie médiocre à une vie formidable. J'ai pris goût à une certaine rigueur envers moi-même et j'en suis fière. Comme faire du sport régulièrement pour conserver ma forme, ne pas me présenter à toutes les invitations, ne pas perdre mon temps inutilement. Avec une vie qui va à 100 à l'heure, je prends régulièrement le temps pour faire le point. J'ai retrouvé l'harmonie dans mon couple en passant plus de temps de qualité avec mon mari et mes enfants. J'arrive à passer du temps de qualité avec moi-même et avec mes amis. Par-dessus tout, je parviens à maintenir avec régularité ces bonnes habitudes depuis un moment.

## DISCUTONS !

Quelle est votre astuce pour bien vous organiser dans votre quotidien ?

Avez-vous une astuce que je n'ai pas énumérée pour bien vous organiser ?

Énumérez tout ce que vous avez appris dans ce livre pour évoluer.

Quelles sont les actions que vous-même comptez mettre en place après m'avoir lue ?

Quelles sont les décisions que vous comptez prendre et qui vont être bénéfiques pour vous ?

Listez une chose que vous avez envie de faire chaque semaine.

Où en êtes-vous dans votre vie ?

Que feriez-vous, si vous étiez certain de ne pas échouer ?

Qu'est-ce qui vous donne envie de voir le jour suivant se lever ?

Quelle est cette chose que vous avez toujours voulu apprendre ?

Etes-vous fière de qui vous êtes en ce moment même ?

Que feriez-vous s'il vous restait quelques mois à vivre ?

Il n'est jamais trop tard, la semaine prochaine se planifie ce week-end.

# CE LIVRE

## N'EST PAS PARFAIT

Bien sûr, il y a des jours où j'ai moins d'énergie, où j'ai peut-être moins dormi. Personne n'est productif à toutes les heures. Globalement la bonne nouvelle c'est d'avoir de bons rituels au quotidien, dès le lever du lit. C'est la clé pour aller de l'avant, pour réussir et atteindre ses objectifs dans la vie. A chaque fois que je tombe, je ne croise pas les bras, je me lève, je me fixe encore des objectifs et j'avance.

Vous avez lu ce livre. Félicitations ! Se lever chaque jour pour aller à la conquête de ses rêves et les réaliser, si vous êtes organisé, vous allez réussir ce pari.

Edison disait : « le meilleur moyen de réussir, c'est d'essayer encore une fois. ». Moi, je vous dis « essayer au quotidien, le quotidien deviendra une routine et la routine se transformera en habitude ». Les clés d'une bonne organisation sont dans nos propres mains. Levons-nous et montrons de quoi nous sommes capables. Imaginez le bonheur que vous vivrez lorsque vous garderez définitivement ces habitudes.

Je demande à Dieu de vous accorder la sagesse et la grâce pour atteindre vos objectifs et accomplir votre destinée sur terre. Si votre quotidien ne vous procure par la paix ni le bonheur, revoyez vos objectifs, revoyez votre façon de vivre.

Je vous souhaite de tout cœur d'atteindre vos objectifs, de réussir vos rêves et, au revoir, pour mon prochain livre. En attendant, ne laissez personne vous faire croire que vous ne pouvez pas réaliser quelque chose, l'organisation reste le défi !

**Qu'allez-vous mettre en place pour atteindre vos objectifs ?**

..........................................................................
..........................................................................
..........................................................................
..........................................................................
..........................................................................
..........................................................................
..........................................................................
..........................................................................
..........................................................................
..........................................................................
..........................................................................
..........................................................................
..........................................................................
..........................................................................
..........................................................................
..........................................................................
..........................................................................
..........................................................................
..........................................................................
..........................................................................
..........................................................................
..........................................................................
..........................................................................

## Qu'allez-vous mettre en place pour atteindre vos objectifs ?

..................................................................

..................................................................

..................................................................

..................................................................

..................................................................

..................................................................

..................................................................

..................................................................

..................................................................

..................................................................

..................................................................

..................................................................

..................................................................

..................................................................

..................................................................

..................................................................

..................................................................

..................................................................

..................................................................

..................................................................

..................................................................

..................................................................

..................................................................

..................................................................

..................................................................

**Qu'allez-vous mettre en place pour atteindre vos objectifs ?**

........................................................................
........................................................................
........................................................................
........................................................................
........................................................................
........................................................................
........................................................................
........................................................................
........................................................................
........................................................................
........................................................................
........................................................................
........................................................................
........................................................................
........................................................................
........................................................................
........................................................................
........................................................................
........................................................................
........................................................................
........................................................................
........................................................................
........................................................................

## Qu'allez-vous mettre en place pour atteindre vos objectifs ?

..................................................................
..................................................................
..................................................................
..................................................................
..................................................................
..................................................................
..................................................................
..................................................................
..................................................................
..................................................................
..................................................................
..................................................................
..................................................................
..................................................................
..................................................................
..................................................................
..................................................................
..................................................................
..................................................................
..................................................................
..................................................................
..................................................................
..................................................................
..................................................................

**Qu'allez-vous mettre en place pour atteindre vos objectifs ?**

........................................................
........................................................
........................................................
........................................................
........................................................
........................................................
........................................................
........................................................
........................................................
........................................................
........................................................
........................................................
........................................................
........................................................
........................................................
........................................................
........................................................
........................................................
........................................................
........................................................
........................................................
........................................................

## Qu'allez-vous mettre en place pour atteindre vos objectifs ?

........................................................................

........................................................................

........................................................................

........................................................................

........................................................................

........................................................................

........................................................................

........................................................................

........................................................................

........................................................................

........................................................................

........................................................................

........................................................................

........................................................................

........................................................................

........................................................................

........................................................................

........................................................................

........................................................................

........................................................................

........................................................................

........................................................................

........................................................................

........................................................................

# TABLE DES MATIÈRES